Hessische Küche

Köstliche Gerichte aus der Heimatküche

EDITION XXL

Inhalt

Vorwort 3
Scheene Wordde mache de Kohl net fett.
Schöne Worte machen den Kohl nicht fett.

Ratgeber 4
Der kennd sisch aus im Worschtkessel.
Er kennt sich im Wurstkessel aus.

Suppen und kleine Gerichte 8
Der gennd sisch es Wasser net in de Supp.
Er gönnt sich das Wasser in der Suppe nicht.

Herzhafte Hauptgerichte 22
Brätst du mer die Worscht, lösch isch der de Dorscht.
Brätst du mir die Wurst, lösche ich dir den Durst.

Süße Spezialitäten 56
Aus ungeleschde Eier schlubbe kaa Hinkel.
Aus ungelegten Eiern schlüpfen keine Hühner.

Vorwort

Ob in Frankfurt, Kassel, Fulda oder im schönen Odenwald – nach einem sonnigen Tag zieht es Einheimische und Besucher Hessens in Biergärten, Apfelweinwirtschaften und Gaststätten. Hier genießt man Spezialitäten wie Rippchen mit Kraut, Handkäs mit Musik, „Grie Soß" (Grüne Soße) oder „Ahle Worscht" (Alte Wurst).

Jede Region hat zwar ihre eigenen Gerichte, doch allen gemeinsam ist die Vorliebe für die einfache, aber herzhafte Küche: Auffallend ist die häufige Verwendung von Kraut, Kartoffeln und Würsten, kombiniert mit würzigen Soßen mit Schmand, Speck oder Zwiebeln. Diese Zutaten sind zugleich eine gute Grundlage für das hessische Landesgetränk, den Apfelwein.

In diesem Buch erfahren Sie einiges über die Besonderheiten der hessischen Küche: Welche Kräuter unbedingt in eine Grüne Soße gehören, was sich hinter dem Namen „Himmel und Erde" verbirgt oder welche Creme in einen Frankfurter Kranz kommt. Der Ratgeber informiert über die wichtigsten Zutaten und erklärt regionale Begriffe.

Lassen Sie sich von unseren erprobten Rezepten verführen und begeben Sie sich auf eine kulinarische Reise durch Hessen!

Guten Appetit wünscht Ihnen

Elisabeth Bangert

Ratgeber

Die hessische Küche ist traditionell eine bäuerliche Küche, in der heimische Produkte die Hauptrolle spielen. Wie in allen ländlichen Regionen wurde früher der Speiseplan durch preiswerte, saisonale Zutaten bestimmt. Dies schlägt sich in der dörflichen Küche Nord- und Südhessens heute noch nieder. Obwohl jede Region ihre eigenen Gerichte hat, gibt es auch viele Gemeinsamkeiten: So ist die Kartoffel eine der wichtigsten Zutaten, die man gerne mit Äpfeln oder Birnen kombiniert.

Auch Brot und Mehlspeisen bilden häufig die Basis einer Mahlzeit. Da es im hessischen Bergland schon immer weniger Rinder- als Schweinezucht gab, spielt das Schweinefleisch auf dem Speiseplan eine entsprechend größere Rolle. Im Folgenden haben wir für Sie eine Auswahl der wichtigsten Besonderheiten und Zutaten der hessischen Küche zusammengestellt.

Die Kartoffel darf nicht fehlen — hier als Beilage zur Grünen Soße.

Ahle Wurst

Die „Ahle Wurst" ist eine Spezialität aus Nordhessen, deren Name sich auf die lange Reifedauer bezieht („ahl" = alt). Die luftgetrocknete Dauerwurst muss mindestens sechs Wochen reifen und die Nachreifezeit kann bis zu einem Jahr betragen. Durch die lange Reifezeit verändert sich die Farbe der aus Schweinefleisch und Gewürzen hergestellten Wurst in ein dunkles Rot. Die Ahle Wurst hat in Nordhessen eine lange Tradition: Bereits im 16. Jahrhundert wurden hier Verfahren entwickelt, um Fleisch für den Wintervorrat haltbar zu machen. In Nordhessen isst man die Ahle Wurst pur mit Brot oder auch klein geschnitten zur Suppe.

Schlachtplatte

In vielen Gasthäusern gibt es zur Zeit der Schlachtfeste einen deftigen kulinarischen Höhepunkt: die Schlachtplatte. Diese überaus üppige Mahlzeit besteht in der Regel aus Wellfleisch (gekochtes Bauchfleisch), Leber- und Blutwurst sowie Sauerkraut und dem sogenannten „Pfeffer", eine Soße aus Blut.

Handkäse

Der magere Sauermilchkäse wurde früher mit der Hand geformt. Er wird gerne „mit Musik" gegessen: in Streifen geschnittene Zwiebel, mariniert mit Essig, Öl, Salz und Pfeffer und mit Kümmel bestreut. Dazu gibt es dunkles Bauernbrot und Butter. Echte Hessen essen ihren Handkäse übrigens nur mit Messer, ohne Gabel!

Bauchfleisch

Gekochtes Bauchfleisch oder geräuchertes in Form von Dörrfleisch oder Speck wird in vielen herzhaften Gerichten verwendet: in Sauerkraut oder Suppen, in Würfel geschnitten und ausgelassen in Kartoffelsalat oder auf Zwiebelkuchen. Bauchfleisch ist ein wichtiger Bestandteil der hessischen Schlachtplatte („Wellfleisch").

Rindswurst und Frankfurter Würstchen

In der hessischen Großstadt Frankfurt haben gleich zwei Wurstsorten ihren Ursprung: die Rindswurst und das Frankfurter Würstchen, das von hier aus seinen Siegeszug in die ganze Welt angetreten hat. Die Rindswurst ist eine Brühwurst, die zu 100 % aus Rindfleisch besteht. Populär wurde sie durch die Metzgerei Gref-Völsing, die diese Wurst noch heute im Angebot hat. Noch traditionsreicher ist das Frankfurter Würstchen, dessen Ursprung bis ins Mittelalter zurückreicht. Es besteht aus reinem Schweinefleisch und unterscheidet sich dadurch von dem sehr ähnlichen „Wiener Würstchen", welches aus Rind- und Schweinefleisch besteht. Übrigens ist das Wienerle eine Abwandlung des Frankfurter Würstchens: Ein Frankfurter Metzger, der nach Wien umgesiedelt war, änderte die Rezeptur – aber da „Frankfurter Würstchen" eine geschützte Herkunftsbezeichnung war, durfte er seine Würste nicht unter diesem Namen verkaufen. Also nannte er sie „Wiener Würstchen".

Rindswurst und Frankfurter Würstchen werden warm gegessen. Hierfür erhitzt man sie in siedendem Wasser (nicht kochen, sonst platzen sie auf!). Dazu gibt es klassicherweise Brötchen und Senf, aber auch zur Suppe schmecken die Würste sehr gut.

Forellen

Im Vogelsberg, in der Rhön, im Taunus und im Odenwald gibt es zahlreiche Forellenteiche und andere Gewässer, die das ganze Jahr über frische Forellen liefern. Als Forelle blau oder gebraten mit Mandelbutter findet man sie auf den Speisekarten zahlreicher Gasthöfe.

Kartoffeln

Aufgrund ihrer guten Lagereigenschaften waren Kartoffeln schon immer ideal für die Vorratshaltung. Außerdem sind sie schmackhaft und vielseitig verwendbar. Ob als Kartoffelsalat, Klöße, Kartoffelpüree, Puffer oder Pellkartoffeln – Kartoffeln gehören zur ländlichen Mahlzeit einfach dazu und sind auch aus der hessischen Küche nicht wegzudenken. Auffallend häufig werden hier Kartoffeln mit Äpfeln oder Birnen kombiniert, so zum Beispiel bei Kartoffelpuffern mit Apfelmus oder Himmel und Erde.

Äpfel, Birnen, Zwetschgen

Diese heimischen Obstsorten finden in der regionalen hessischen Küche häufig Verwendung, sei es als Kompott zu Kartoffelgerichten oder in Süßspeisen und Kuchen. Vor allem Äpfel sind weit verbreitet und auf den Streuobstwiesen, die eine ökologische Besonderheit sind, wachsen auch zahlreiche alte Apfelsorten, die man woanders kaum noch findet, wie zum Beispiel der Wetzlarer Hartapfel oder der Heuchelheimer Schneeapfel. Aus Äpfeln wird auch das hessische Nationalgetränk, der Apfelwein, gekeltert. Auf der Hessischen Apfelwein- und Obstwiesenroute können sich Wanderer und Radfahrer mit den regionalen Obstsorten vertraut machen.

Sauerkraut

Die Milchsäuregärung ist eine alte Methode der Haltbarmachung, die vor allem bei Weißkohl zur Anwendung kommt, um daraus Sauerkraut herzustellen. Sauerkraut war früher ein wichtiger Vitamin-C-Lieferant im Winter und dementsprechend häufig kam es auch auf den Tisch. In Hessen gehört es heute noch zur traditionellen Küche und verleiht vielen Gerichten eine säuerlich-pikante Note.

Blechkuchen

Auf eine alte Tradition gehen die beliebten Blechkuchen zurück: Früher gab es in den Dörfern Backhäuser, in denen an bestimmten Tagen Brot und Kuchen gebacken wurde. Hier konnten mehrere Familien gleichzeitig backen – und in der Zwischenzeit die neuesten Nachrichten austauschen. Deshalb nannte man Blechkuchen damals Backhauskuchen. Noch heute ist es üblich, bei Familienfesten die klassischen Blechkuchen, wie zum Beispiel „Riwwelkuche", „Maddekuche" oder „Ebbelkuche", zum Kaffee zu reichen.

Kulinarisches Wörterbuch Hessisch – Deutsch:

Abbel – Apfel
Abbelkrotze – Apfelkerngehäuse
Andiftche – Endivien

Bembel – Apfelweinkrug
Blunz – Blutwurst

Ebbelwoi – Apfelwein

Flaaschworschd – Fleischwurst

Gäleriewe – Karotten
Grie Soos – Grüne Soße
Gummer – Gurke
Guudsje – Bonbon

Handkees mid Musigg – Handkäse mit Musik

Kerschemischl – Kirschenmichel
Knerzje – Endstück vom Brot
Kwedschekuche – Zwetschgenkuchen

Latwerge – Pflaumenmus
lebbsch – zu wenig gewürzt
Lewwerworschd – Leberwurst

Maddekuche – Käsekuchen
Mellebelle, Merabelle – Mirabelle

Naachdisch – Dessert

Persing, Persisch – Pfirsich
Pleddsje – Plätzchen

Quellkaddoffel – Pellkartoffeln
Quer-dorsch-de-Gaade-Subb – Gemüsesuppe
Quetsche – Pflaumen, Zwetschgen

Reiderscher – mundgerecht geschnittene Brothäppchen
Riwwelkuche – Streuselkuchen

Salzschdicker – Salzkartoffeln
Schdambes – Kartoffelpüree

Wersching – Wirsing
Worschd – Wurst

xallse Flaasch – gesalzenes Fleisch

Zwiwwel – Zwiebel

Tipp:

Wenn Sie keinen Sauerampfer im Garten haben, können Sie ihn auf den Wiesen pflücken (von April bis Juli; Vorsicht: Verwechslungsgefahr mit den Blättern des giftigen Aronstabs!) oder in gut sortierten Gemüsegeschäften kaufen. Sauerampfer gehört zu den Knöterichgewächsen. Er ist reich an Vitamin C, wirkt harntreibend, fiebersenkend und hat eine positive Wirkung auf die Verdauung.

Sauerampfer-
suppe

Zubereitung:

1. Den Sauerampfer waschen, entstielen, trocknen und fein hacken. Ein Blatt in schmale Streifen schneiden und beiseitestellen. 2 Esslöffel Butter in einem Topf schmelzen und die Sauerampferblätter darin andünsten. Die heiße Brühe dazugießen und alles aufkochen.

2. In einem kleinen Topf 1 Esslöffel Butter schmelzen und unter Rühren das Mehl dazugeben. Wenn die Masse fest wird, zuerst ein wenig von der Sauerampferbrühe unterrühren und dann alles in den großen Topf gießen und unter die Suppe mischen. Dabei ständig rühren, damit sich keine Klümpchen bilden.

3. Die süße Sahne mit den Eigelben und der Prise Muskatnuss verquirlen. Die Suppe vom Herd nehmen und die Eiersahne untermischen. Mit Salz und Pfeffer abschmecken.

4. Die Suppe mit den Sauerampferstreifen bestreuen und servieren. Dazu passt frisches Baguette oder Weißbrot.

Zutaten *für 4 Personen:*

250 g Sauerampfer
3 EL Butter
750 ml Fleisch- oder
 Gemüsebrühe
2 EL Mehl
200 ml süße Sahne
2 Eigelb
1 Prise Muskatnuss
Salz, Pfeffer

<<Me soll nedd mit Braadwerscht uff Schinke schmeiße.>>

Man soll nicht mit Bratwürsten auf Schinken werfen.

Zutaten *für 4 Personen:*

600 g Kartoffeln
1 Bund Suppengrün
250 g Dörrfleisch oder
  Schinkenspeck
1 Gemüsezwiebel
1 EL Pflanzenöl
1 ½ l Gemüse- oder
  Fleischbrühe
1 TL Majoran
einige Petersilien-
  blättchen
Salz, Pfeffer

<<Do kimmt die Brieh
deurer wie die Brocke.>>

*Da kostet die Brühe
mehr als das Fleisch.
(Es lohnt sich nicht.)*

Kartoffelsuppe
mit Dörrfleisch

Zubereitung:

1. Die Kartoffeln waschen, schälen und in kleine Stücke schneiden. Das Suppengrün putzen, waschen und ebenfalls klein schneiden. Das Dörrfleisch würfeln. Die Zwiebel abziehen und ebenfalls würfeln.

2. Das Öl in einer Pfanne erhitzen und die Dörrfleisch- und Zwiebelwürfel darin anbraten, dabei einige Dörrfleischwürfel für die Dekoration beiseitelegen.

3. Alle Zutaten in einen großen Suppentopf geben, mit der heißen Brühe auffüllen und ca. 40 Minuten kochen lassen.

4. Die Suppe mit Majoran, Salz und Pfeffer würzen. Vor dem Servieren nach Belieben mit Speckwürfeln und Petersilienblättchen bestreuen.

Tipp:

Eine Alternative zur stückigen Kartoffelsuppe ist die Kartoffelcremesuppe: Pürieren Sie hierfür die fertige Suppe oder zerdrücken Sie das Gemüse mit einem Kartoffelstampfer. Rühren Sie einen Becher süße Sahne unter und servieren Sie die Suppe nach Belieben mit gerösteten Brotwürfeln.

Tipp:

Dieses Rezept eignet sich hervorragend zur Resteverwertung, wenn Sie zu viel Brot oder Brötchen eingekauft haben. Sie können sowohl Weißbrot als auch Bauernbrot verwenden. So stellen Sie fest, ob die Brötchen bzw. das Brot lange genug eingeweicht wurden: Einfach mit dem Finger darauf drücken – wenn Wasser austritt, sind sie vollgesogen.

Fuldisch Supp

— Brotsuppe —

Zubereitung:

1. Die Brötchen bzw. das Brot in Scheiben schneiden, dabei die Rinde abschneiden und beiseitelegen. Die Brotscheiben in Wasser einweichen, bis sie vollgesogen sind, und anschließend wieder ausdrücken.

2. Die Butter erhitzen, die Semmelbrösel und das Brot darin rösten, bis ein dicker Brei entsteht. Die heiße Rindfleischbrühe dazugießen und alles ca. ½ Stunde kochen.

3. Die Sahne mit den Eigelben und der Prise Muskatnuss verrühren und unter die Suppe mischen. Die Brotrinde in kleine Würfel schneiden, einige beiseitelegen und den Rest unter die Brotsuppe heben.

4. Die Petersilie waschen, trocken schütteln und fein hacken. Die Suppe mit Salz und Pfeffer abschmecken und mit Petersilie und Brotwürfeln bestreut servieren.

Zutaten *für 4 Personen:*

5–6 altbackene Brötchen
  oder altbackenes Brot
1 Tasse Semmelbrösel
30 g Butter
800 ml Rindfleischbrühe
125 ml süße Sahne
2 Eigelb
1 Prise Muskatnuss
einige Stängel Petersilie
Salz, Pfeffer

<<In de allergreesde Nood
  schmeckt die Worscht
  aach ohne Brood.>>

*In der allergrößten Not
schmeckt die Wurst auch ohne Brot.*

Linsensuppe
mit geröstetem Bauernbrot

Zutaten *für 6 Personen:*

500 g braune Linsen
1 Bund Suppengrün
2 Kartoffeln
250 g Dörrfleisch oder
  Schinkenspeck
1 Gemüsezwiebel
1 l Rindfleischbrühe
6 Scheiben Bauernbrot
einige Stängel Petersilie
etwas Essig
Salz, Pfeffer

Zubereitung:

1. Am Vortag die Linsen waschen und in ½ Liter Wasser einweichen.

2. Das Suppengrün putzen, waschen und klein schneiden. Die Kartoffeln waschen, schälen und ebenfalls in kleine Stücke schneiden. Das Dörrfleisch würfeln. Die Zwiebel abziehen und ebenfalls würfeln.

3. Das Suppengrün, die Kartoffeln, die Dörrfleischwürfel und die Zwiebeln zusammen mit der Fleischbrühe zu den eingeweichten Linsen geben. Die Suppe erhitzen und ca. 45 Minuten kochen, bis die Linsen weich, aber noch bissfest sind.

4. Die Brotscheiben rösten. Die fertige Suppe mit Essig, Salz und Pfeffer abschmecken.

5. Die Petersilie waschen, trocken schütteln und klein schneiden. Die Suppe vor dem Servieren noch mit der Petersilie bestreuen und zusammen mit den Brotscheiben servieren.

Tipp:

Zusätzlich pro Person 1–2 Frankfurter Würstchen in der Suppe erhitzen (Vorsicht: nicht kochen lassen, sonst platzen die Würstchen auf!). Besonders würzig und herzhaft wird die Linsensuppe, wenn Sie kurz vor dem Servieren noch 100 g fein gehacktes Sauerkraut untermischen.

<<Mit em volle Bauch
is net guud schaffe.>>

*Mit vollem Bauch lässt
es sich nicht gut arbeiten.*

Grünkernsuppe
mit Markklößchen

Zutaten *für 6 Personen:*

Für die Suppe:
2 Zwiebeln
1 Bund Suppengrün
2 EL Butterschmalz
125 g Grünkernschrot
2 ½ l Fleischbrühe
gemahlene Muskatnuss
1 EL gehackte Petersilie
Salz, Pfeffer

Für die Markklößchen:
2 Brötchen
2 Markknochen
1 Ei
1 EL gehackte Petersilie
gemahlene Muskatnuss
Semmelbrösel
Salz, Pfeffer

<<Dem sei Worscht hot
drei Zippel.>>

Seine Wurst hat drei Enden.
(Er ist ein Angeber.)

Zubereitung:

1. Die Zwiebeln abziehen und klein schneiden. Das Suppengrün waschen, putzen und ebenfalls klein schneiden.

2. Das Butterschmalz erhitzen und die Zwiebelstücke darin andünsten. Den Grünkernschrot dazugeben und unter ständigem Rühren anrösten. Das Gemüse hinzufügen und kurz mitrösten. Die heiße Fleischbrühe dazugießen und alles ca. 30 Minuten köcheln lassen.

3. Für die Markklößchen die Brötchen mit heißem Wasser bedecken und einweichen lassen. Das Mark aus den Knochen kratzen und in einer Pfanne auslassen, d.h. so lange erhitzen, bis sich das Fett verflüssigt. Durch ein Sieb geben, um eventuelle Knochensplitter auszulesen, und abkühlen lassen.

4. Die Brötchen ausdrücken und zusammen mit dem Ei, der Petersilie und dem ausgelassenen Mark verkneten. Mit etwas Muskatnuss, Salz und Pfeffer würzen. So viele Semmelbrösel dazugeben, dass eine griffige Masse entsteht. Mit angefeuchteten Händen Klößchen daraus formen.

5. Die Klößchen in der heißen Suppe ca. 10 Minuten gar ziehen lassen. Achtung: Die Klößchen dürfen nicht gekocht werden, da sie dann zerfallen.

6. Die Suppe mit Muskatnuss, Salz und Pfeffer abschmecken und mit der gehackten Petersilie und den Markklößchen servieren.

Tipp:

Wer sich die Mühe nicht machen möchte, kann Markklößchen auch fertig kaufen. Rechnen Sie pro Person 2–3 Klößchen, wenn Sie die Suppe als Vorspeise reichen, und 4–6 Stück, wenn sie als Hauptspeise serviert wird.

Kartoffelsalat
mit Endivien

Zubereitung:

1. Die Kartoffeln waschen und mit der Schale in Salzwasser ca. 20 Minuten garen. Abschütten, etwas abkühlen lassen, pellen und in dünne Scheiben schneiden.

2. Die Zwiebel abziehen und in feine Würfel schneiden. Die Endivienblätter putzen, waschen, trocken schütteln und in feine Streifen schneiden.

3. Die Kartoffelscheiben, die Zwiebelwürfel und die Salatstreifen in eine Schüssel geben. Die heiße Gemüsebrühe darübergießen und kurz durchziehen lassen.

4. Den Essig, das Öl und den Senf verrühren und mit Salz und Pfeffer würzen. Die Soße über den Salat gießen und alles vorsichtig vermischen.

Zutaten *für 4 Personen:*

500 g festkochende Kartoffeln
1 Zwiebel
einige Blätter Endiviensalat
100 ml heiße Gemüsebrühe
2 EL Weißweinessig
3 EL Pflanzenöl
1 TL Senf
Salz, Pfeffer

Tipp:

Der Kartoffelsalat schmeckt auch sehr gut mit Feldsalat und Radieschen: Mischen Sie statt dem Endiviensalat eine Handvoll geputzten und gewaschenen Feldsalat unter den fertigen Kartoffelsalat und streuen Sie ein paar in Scheiben geschnittene Radieschen darüber.

<<Guude Abbedid,
nix verdrudelt, nix verschitt.>>

*Guten Appetit, nicht gekleckert,
nichts verschüttet.*

Handkäse

mit „Musik"

Zutaten *für 4 Personen:*

3–4 Zwiebeln
10 EL Essig
12 EL Öl
12 Harzer Käse
Salz, Pfeffer

Zubereitung:

1. Die Zwiebeln abziehen und in sehr feine Würfel schneiden. Die Zwiebelwürfel in einer großen Schüssel mit dem Essig, dem Öl, Salz und Pfeffer verrühren.

2. Den Harzer Käse dazugeben und alles vorsichtig vermischen. Mindestens 4–5 Stunden durchziehen lassen.

Tipp:

Die Soße kann mit frischem, fein geschnittenem Schnittlauch oder Petersilie verfeinert werden. Zu Handkäse schmeckt sehr gut frisches Bauernbrot mit Butter.

Odenwälder Kochkäse

Zubereitung:

1. Die Butter in einem Topf bei geringer Hitze schmelzen.

2. Den Handkäse klein schneiden und unter die geschmolzene Butter rühren. Die Sahne, den Schmelzkäse und den Quark dazugeben und bei geringer Hitze zu einer cremigen Masse verrühren.

3. Den Natron dazugeben und den Kochkäse in ein oder mehrere Gefäße füllen. Achtung: Nicht bis zum Rand füllen, da der Kochkäse noch aufgeht. Reichen Sie dazu Bauernbrot mit Butter und Kümmel.

Zutaten *für 6 Personen:*

250 g Butter
1 Rolle Handkäse
  (200–250 g)
200 ml süße Sahne
200 g Schmelzkäse
250 g Magerquark
2 TL Natron

Tipp:

Im Odenwald serviert man zum Kochkäse meistens „Musik": Klein geschnittene Zwiebeln werden mit Essig, Öl, Salz und Pfeffer vermischt (Rezept siehe gegenüberliegende Seite: Handkäse mit „Musik").

Interessant!

Aus der Zeit, als es noch Hausschlachtungen gab, stammt die Tradition des Schlachtfestes. Nach der Schlachtung wurden gemeinsam die frischen Erzeugnisse verspeist. Dabei kam natürlich die Schlachtplatte mit Blut- und Leberwürstchen, Wellfleisch und Sauerkraut auf den Tisch. Dazu gab es Pfeffer, ein Soße aus Schweineblut, und Klöße oder Kartoffelbrei. Eine besondere Spezialität war die Worschtsupp, eine würzige Brühe, die bei der Herstellung von Koch- und Brühwürsten entstand. In vielen dörflichen Gegenden findet man diese Spezialitäten heute noch auf den Speisekarten der Gasthäuser.

Schlachtplatte
mit Sauerkraut

Zubereitung:

1. Die Zwiebel abziehen und in sehr feine Würfel schneiden. Das Schmalz in einem großen Topf erhitzen und die Zwiebelwürfel darin leicht andünsten. Das Sauerkraut, 2 Tassen Wasser, das Lorbeerblatt und die Wacholderbeeren dazugeben.

2. Das Dörrfleisch hineinlegen und alles im geschlossenen Topf ca. ¾ Stunde bei mittlerer Hitze köcheln lassen. Dann die Leberwürste und die Blutwürste in den Topf geben und 15 Minuten darin ziehen lassen (Achtung: nicht kochen, sonst platzen die Würste auf!).

3. Das Dörrfleisch herausnehmen und in fingerdicke Scheiben schneiden. Die Würste ebenfalls herausnehmen, das Lorbeerblatt und die Wacholderbeeren aus dem Kraut entfernen. Das Kraut mit Salz und Pfeffer abschmecken.

4. Das Kraut mit den Würsten und den Fleischscheiben auf einer Platte anrichten und zusammen mit frischem Bauernbrot und nach Belieben etwas Schweineschmalz servieren.

Zutaten *für 4 Personen:*

1 Zwiebel
2 EL Schweineschmalz
1 kg Sauerkraut
1 Lorbeerblatt
4 Wacholderbeeren
200 g Dörrfleisch oder Schinkenspeck
4 kleine Leberwürste
4 kleine Blutwürste
Salz, Pfeffer

<<E Kuh, wo mer melke kann, schlacht mer net.>>

Eine Kuh, die man melken kann, schlachtet man nicht.

Frankfurter
Grüne Soße

Zutaten *für 4 Personen:*

600 g Kartoffeln
1 Paket Grüne-Soße-
   Kräuter (Petersilie,
   Schnittlauch, Kerbel,
   Pimpinelle, Sauer-
   ampfer, Borretsch,
   Kresse)
4 Eier
400 g saure Sahne
200 g Schmand
Saft einer halben Zitrone
Salz, Pfeffer

Zubereitung:

1. Die Kartoffeln waschen und in Salzwasser ca. 30 Minuten garen.

2. In der Zwischenzeit die Kräuter putzen, waschen, trocken schütteln und mit einem Wiegemesser fein hacken. Die Eier hart kochen, etwas abkühlen lassen, pellen und halbieren.

3. Die saure Sahne mit dem Schmand und dem Zitronensaft verrühren und mit Salz und Pfeffer würzen. Die Kräuter unter die Sahne-Schmand-Soße mischen.

4. Die Kartoffeln abschütten, kurz ausdampfen lassen und pellen. Die Grüne Soße zusammen mit den halben Eiern und den Pellkartoffeln servieren.

<<Die dimmsde Bauern habbe die greeßde Kardoffele.>>

Die dümmsten Bauern haben die größten Kartoffeln.

Interessant!

In eine echte Frankfurter Grüne Soße gehören 7 Kräuter: Borretsch, Kerbel, Kresse, Petersilie, Pimpinelle, Sauerampfer und Schnittlauch. Sie wird traditionell in Gärtnereien im Frankfurter Stadtteil Oberrad angebaut, in einem bestimmten Mischungsverhältnis in weißes Papier gerollt und meist ab Gründonnerstag auf den Markt gebracht.

Schmandhering

mit Pellkartoffeln

Zutaten *für 4 Personen:*

600 g Kartoffeln
4 Matjesfilets
1 Apfel
1 Zwiebel
2 saure Gurken
250 g Schmand
1 EL Zitronensaft
1 EL gehackter Dill
Salz, Pfeffer

Zubereitung:

1. Die Kartoffeln waschen und in Salzwasser ca. 20 Minuten garen.

2. In der Zwischenzeit die Matjesfilets unter fließendem Wasser waschen und trocken tupfen.

3. Den Apfel waschen, putzen, vierteln und dann in dünne Scheiben schneiden. Die Zwiebel abziehen und fein würfeln. Die sauren Gurken in dünne Scheiben schneiden.

4. Den Schmand mit dem Zitronensaft und dem Dill verrühren und mit Salz und Pfeffer würzen. Die Apfel- und die Gurkenscheiben sowie die Zwiebelwürfel mit der Schmandsoße vermischen und über die Heringe geben.

5. Die Kartoffeln abschütten, kurz ausdampfen lassen und pellen. Die Schmandheringe zu den Pellkartoffeln servieren.

<<En Leffel voll Tat
is besser wie
e Schissel voll Rat.>>

Ein Löffel voller Tat ist besser als eine Schüssel voller Rat.

Interessant!

Die Heringe, die vor der Geschlechtsreife (Ende Mai bis Anfang Juni) gefangen werden, nennt man „Matjes". Sie sind besonders zart und mild im Geschmack. Bei „Hering nach Matjesart" handelt es sich hingegen um geschlechtsreife Heringe, die lediglich wie Matjes weiterverarbeitet wurden.

Tipp:

Am besten gelingt das Kartoffelgemüse mit gekochten Kartoffeln vom Vortag. Sie zerfallen nicht so schnell wie frisch gekochte Kartoffeln. Wichtig ist, dass Sie die gekochten Kartoffeln bereits am Vortag pellen, denn von vollkommen ausgekühlten Kartoffeln lässt sich die Schale nicht mehr so gut entfernen.

Kartoffelgemüse
mit Bratwurst

Zubereitung:

1. Die Kartoffeln mit der Schale in Salzwasser garen. Abschütten, etwas abkühlen lassen, pellen und in Scheiben schneiden. Die Zwiebel abziehen und klein würfeln.

2. Die Butter erhitzen und die Zwiebelwürfel darin andünsten. Mit dem Mehl bestäuben und sofort glattrühren, damit sich keine Klümpchen bilden. Die Fleischbrühe und die Milch dazugießen und unter Rühren aufkochen lassen.

3. Die Kartoffelscheiben in die Soße geben und darin erhitzen. Mit dem Gurkenwasser, Muskat, Salz und Pfeffer abschmecken und mit der gehackten Petersilie bestreuen.

4. Die Bratwürste in einer Pfanne langsam erhitzen. Mehrmals einstechen, damit das Fett austreten kann. Die Würste 10–15 Minuten braten, dabei ab und zu umdrehen. Die fertigen Bratwürste zusammen mit dem Kartoffelgemüse servieren.

Zutaten *für 4 Personen:*

600 g Kartoffeln
1 große Zwiebel
50 g Butter
2 EL Mehl
300 ml Fleischbrühe
300 ml Milch
2 EL Gewürzgurkenwasser
1 EL klein gehackte Petersilie
4 Bratwürste
Muskat
Salz, Pfeffer

<<Dere ihr Eier habbe
zwaa Dotter.>>

*Ihre Eier haben zwei Dotter.
(Sie bildet sich ein,
etwas Besseres zu sein.)*

Interessant!

Dieses Rezept stammt aus dem Nordosten Hessens, aus dem Werraland. „Diebchen" sind kleine Kartoffelklöße, in deren Mitte ein Stück Ahle Wurst versteckt ist. Die „Schustersoße" geht auf den Handwerksmeisterstand zurück, der sich ab und zu ein Stück Dörrfleisch leisten konnte. Wird die Soße statt mit Brühe mit Schmand zubereitet, so nennt man sie „Duckefett".

Diebchen
mit Schustersoße

Zubereitung:

1. Die Kartoffeln reiben. Die Eier, die Speisestärke, etwas Majoran und Salz dazugeben und alles zu einem Teig vermischen. Die Ahle Wurst in Stücke schneiden.

2. Aus dem Teig 12–16 Klöße („Diebchen") formen und jeweils in die Mitte 1–2 Stücke Ahle Wurst geben.

3. In einem großen Topf Salzwasser zum Kochen bringen. Die Klöße hineingeben und ca. 15 Minuten gar ziehen lassen. Wichtig: Die Klöße dürfen nicht kochen, sonst zerfallen sie.

4. Für die Soße die Zwiebeln abziehen und fein würfeln. Den Speck ebenfalls in Würfel schneiden und in einer Pfanne auslassen, also so lange braten, bis der Fettanteil flüssig wird.

5. Die Zwiebelwürfel in dem Fett andünsten, mit dem Mehl bestäuben und unter Rühren bräunen. Die Brühe zugießen und alles unter Rühren dicklich einkochen. Mit etwas Essig oder Gurkenwasser sowie Salz und Pfeffer abschmecken.

6. Die Soße zu den Diebchen servieren. Dazu passt Rote Bete.

Zutaten *für 4 Personen:*

Für die Diebchen:
1 kg gepellte Kartoffeln vom Vortag
2 Eier
120–150 g Speisestärke
150 g Ahle Wurst
getrockneter Majoran
Salz

Für die Schustersoße:
2 große Zwiebeln
150 g Speck
2 EL Mehl
½ l Brühe
Essig oder Gewürzgurkenwasser
Salz, Pfeffer

<<Klar wie Kleeßbrieh.>>

*Klar wie Kloßbrühe.
(Das versteht sich von selbst.)*

Zutaten *für 4 Personen:*

200 g durchwachsener
   Speck
500 g geräucherte
   Blutwurst
Butterschmalz zum
   Anbraten

Für das Apfelmus:
1 kg Äpfel
1 unbehandelte Zitrone
1 Zimtstange
100 g Zucker

Für das Kartoffelpüree:
750 g mehligkochende
   Kartoffeln
125 ml Milch
1 EL Butter
geriebene Muskatnuss
Salz

<<Es werd iwweall ner
mit Wasser gekochd.>>

*Es wird überall nur
mit Wasser gekocht.*

Himmel und Erde

Zubereitung:

1. Für das Apfelmus die Äpfel schälen, vierteln, vom Kerngehäuse befreien und in Spalten schneiden. Die Zitrone heiß abwaschen und die Schale spiralförmig abschneiden.

2. Die Apfelspalten mit 125 ml Wasser, der Zimtstange und der Zitronenschale in einem Topf mit geschlossenem Deckel weich kochen.

3. Die Zitronenschale und den Zimt herausnehmen. Noch heiß den Zucker dazugeben und alles mit einem Schneebesen zu Mus schlagen.

4. Für das Kartoffelpüree die Kartoffeln waschen, schälen und in Stücke schneiden. In kochendem Salzwasser ca. 20 Minuten garen. Abschütten und zusammen mit der Milch und der Butter mit einem Kartoffelstampfer zu Püree verarbeiten. Mit etwas Muskat und Salz abschmecken.

5. Den Speck in Würfel und die Blutwurst in Scheiben schneiden.

6. Das Butterschmalz in einer Pfanne erhitzen und die Blutwurst darin kross braten. Herausnehmen und die Speckwürfel anbraten. Das Püree mit dem Apfelmus und der Blutwurst anrichten und mit den Speckwürfel bestreut servieren.

Interessant!

Die Bezeichnung „Himmel und Erde" leitet sich davon ab, dass die Äpfel für das Apfelmus oben auf Bäumen („Himmel") wachsen und die Kartoffeln für das Püree unten in der „Erde". In manchen Gebieten Hessens wird noch ein ähnliches Gericht – aus den gleichen Gründen – so genannt: Birnenkompott mit „ausgeschöpftem" Kartoffelstampf.

Zutaten *für 4 Personen:*

1 Zwiebel
40 g Pflanzenfett
1 kg Sauerkraut
Kümmel
4 Stielrippchen
1 EL Mehl

Für das Kartoffelpüree:

1 kg mehligkochende
  Kartoffeln
250 ml Milch
10 g Butter
Salz

<<Mer knorrt de Maache,
isch muss em was aabiede.>>

*Mir knurrt der Magen, ich
muss ihm etwas anbieten.
(Ich habe Hunger.)*

Rippchen und Sauerkraut
mit Kartoffelpüree

Zubereitung:

1. Die Zwiebel abziehen und in feine Würfel schneiden. In einem großen Topf das Fett heiß werden lassen und die Zwiebelwürfel darin anbraten.

2. Das Sauerkraut mit zwei Gabeln auflockern und zu den Zwiebeln geben. Mit Kümmel und etwas Salz würzen. Ein wenig Wasser aufgießen und das Kraut 40–50 Minuten köcheln.

3. Kurz vor Ende der Kochzeit die Rippchen auf das Kraut legen und heiß werden lassen.

4. Die Kartoffeln schälen und in Stücke schneiden. In reichlich Salzwasser ca. 20 Minuten garen, abschütten und abtropfen lassen. Die Milch und die Butter dazugeben und alles mit einem Kartoffelstampfer zu Püree verarbeiten und eventuell mit Salz abschmecken.

5. Wenn das Kraut gar ist, die Rippchen herausnehmen und warm stellen. Das Mehl in einer Tasse mit kaltem Wasser anrühren, zu dem Kraut geben und ca. 15 Minuten weiterkochen lassen.

6. Die Rippchen mit dem Sauerkraut und dem Kartoffelpüree auf Tellern anrichten und servieren.

Tipp:

Statt Kartoffelbrei schmecken auch frisches Brot und Senf zu diesem Gericht. Dem Sauerkraut können Sie nach Belieben noch 1 Lorbeerblatt und einige Wacholderbeeren hinzufügen, dann wird es würziger.

Kartoffel-
pfannkuchen mit Dip

Zubereitung:

1. Die Kartoffeln schälen, waschen und auf einer Kartoffelreibe oder in der Küchenmaschine reiben. In einem feinmaschigen Sieb die Stärke abtropfen lassen. Die Zwiebel abziehen und klein würfeln.

2. Die geriebenen Kartoffeln mit den Zwiebelwürfeln, den Eiern, dem Mehl und den Gewürzen zu einem Teig verrühren.

3. In einer Pfanne jeweils 2 Esslöffel Öl erhitzen und jeweils 2–3 Pfannkuchen darin kross ausbacken. Die Pfannkuchen auf Küchenkrepp legen, bis alle gebacken sind.

4. Für den Dip den Schmand oder die Crème fraîche mit dem Zitronensaft verrühren und mit Salz und Pfeffer abschmecken. Nach Belieben mit gehackter Petersilie bestreuen und zu den Kartoffelpfannkuchen servieren.

Zutaten *für 4 Personen:*

800 g Kartoffeln
1 Zwiebel
2 Eier
6 EL Mehl
½ TL Majoran
1 Prise Muskat
8 EL Pflanzenöl
Salz, Pfeffer

Für den Dip:

250 g Schmand oder
   Crème fraîche
1 EL Zitronensaft
etwas gehackte Petersilie
Salz, Pfeffer

Interessant!

Die Kartoffelpfannkuchen, auch Puffer oder Reibekuchen genannt, isst man in vielen Gegenden Hessens auch gerne mit Apfelmus (Rezept siehe Seite 32). In ländlichen Gegenden wurde früher zusätzlich noch eine kräftige Gemüse-suppe dazu gereicht. Nach getaner Arbeit auf dem Feld, im Wald oder auf dem Bauernhof war der Hunger groß und Speisen, die man heute jeweils als eigenständige Mahlzeit einnimmt, wur-den zusammen aufgetischt.

Dibbekuche
mit Apfelmus

Zutaten *für 4 Personen:*

1 kg mehligkochende Kartoffeln
1 große Zwiebel
100 g Dörrfleisch
2 Eier
3 EL Pflanzenöl
Apfelmus nach Belieben
Muskat
Salz, Pfeffer

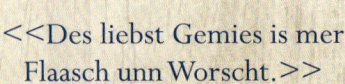

«Des liebst Gemies is mer Flaasch unn Worscht.»

Mein liebstes Gemüse sind Fleisch und Wurst.

Zubereitung:

1. Die Kartoffeln waschen, schälen und auf einer Reibe oder in der Küchenmaschine fein reiben. Die Zwiebel abziehen und fein würfeln. Das Dörrfleisch ebenfalls würfeln.

2. Die geriebenen Kartoffeln mit den Zwiebel- und Dörrfleischwürfeln vermischen. Die Eier hinzufügen und mit Muskat, Salz und Pfeffer würzen.

3. Den Backofen auf 180 °C (Umluft 160 °C) vorheizen. 2 Esslöffel Öl in einer großen Pfanne erhitzen und die Kartoffelmasse unter Rühren kräftig anbraten.

4. Einen großen Topf oder Bräter mit 1 Esslöffel Öl auspinseln und die Kartoffelmasse hineinfüllen. Im vorgeheizten Backofen ca. 1 Stunde backen. Der Dibbekuche ist fertig, wenn sich an der Oberfläche eine braune Kruste gebildet hat.

5. Den Dibbekuche herausnehmen und noch heiß zusammen mit Apfelmus (Rezept siehe Seite 32) servieren.

Interessant!

Der hessische „Dibbekuche" hat seinen Namen nach der Zubereitungsart: Er wird in einem großen Topf, auf Hessisch „Dibbe", gebacken. Wie die meisten Kartoffelgerichte war auch der Dibbekuche ursprünglich ein Arme-Leute-Essen.

Die Kartoffeln waren günstig und meist aus eigenem Anbau verfügbar und wurden mit Zwiebeln, Lauch oder auch Speck oder Wurst ergänzt. Je nach Region wird der Dibbekuche auch „Schalet" oder „Dibbelabbes" genannt.

Interessant!

Die Forelle gehört zur Familie der Lachsfische. In Hessen kommt sie sowohl als Bachforelle als auch als Seeforelle vor. Gerichte mit Forellen sind ein fester Bestandteil der hessischen Regionalküche und es gibt dementsprechend viele Zuchtteichanlagen, wo man die Forellen fangfrisch kaufen kann.

Forelle blau
mit Kräuterkartoffeln

Zubereitung:

1. Das Suppengrün waschen und putzen. Den Lauch halbieren und in Ringe schneiden. Die Karotten in Streifen, die Petersilienwurzel und den Knollensellerie in Würfel schneiden. Die Zwiebel abziehen und achteln.

2. Die Kartoffeln schälen und in Salzwasser gar kochen. Die Forellen nur kurz waschen (wird zu viel Schleim abgewaschen, wird die Forelle später nicht blau).

3. Die Petersilie waschen und trocken schütteln. Jeweils 2–3 Stängel in den Bauch der Forellen legen. Den Rest fein hacken und beiseitestellen.

4. In die Gemüsebrühe das Gemüse und das Lorbeerblatt hineingeben und 2–3 Minuten garen. Den Essig dazugeben, die Brühe zum Kochen bringen und kurz aufkochen lassen.

5. Die Hitze reduzieren und die Forellen vorsichtig auf das Gemüse in den Topf legen. 10 Minuten bei kleinster Hitze gar ziehen lassen.

6. Die Butter zerlassen, die gegarten Kartoffeln darin schwenken und rundherum mit der gehackten Petersilie bestreuen. Die Forellen mit den Kartoffeln, dem Gemüse und der restlichen Butter servieren.

Zutaten *für 2 Personen:*

1 Bund Suppengrün
1 Zwiebel
400 g Kartoffeln
2 küchenfertige Forellen
1 Bund Petersilie
2 Liter Gemüsebrühe
  (z. B. von Knorr)
1 Lorbeerblatt
75 ml Weißweinessig
60 g Butter
Salz

<<Liewer mit em Bauch
geschwabbeld, wie mit
de Knoche gerabbeld.>>

*Lieber mit dem Bauch gewackelt
als mit den Knochen geklappert.*

Tafelspitz
mit Kartoffelpüree

Zutaten *für 4 Personen:*

2 EL gekörnte Brühe
1 kg Tafelspitz
800 g mehligkochende
   Kartoffeln
1 EL Butter
etwas Milch
2 Birnen
4 EL Preiselbeeren
geriebene Muskatnuss
Salz, Pfeffer

<<Scheene Wordde mache
de Kohl net fett.>>

*Schöne Worte machen
den Kohl nicht fett.*

Zubereitung:

1. In einem großen Topf 3 Liter Wasser mit 1 Teelöffel Salz, Pfeffer und Muskatnuss zum Kochen bringen. Die gekörnte Brühe dazugeben und den Tafelspitz in das kochende Wasser legen.

2. Bei mittlerer Hitze ca. 1 Stunde kochen. Noch ca. 20 Minuten in der heißen Brühe stehen lassen, damit das Fleisch durchzieht.

3. In der Zwischenzeit die Kartoffeln schälen, waschen, in grobe Stücke schneiden und in Salzwasser ca. 20 Minuten garen. Abschütten, die Butter und etwas Milch dazugeben und mit dem Kartoffelstampfer zu Püree verarbeiten.

4. Die Birnen waschen, halbieren und das Kerngehäuse entfernen. In einem Topf mit Zuckerwasser ca. 5 Minuten köcheln. Herausnehmen, abkühlen lassen und mit Preiselbeeren füllen.

5. Den Tafelspitz in dünne Scheiben schneiden und zusammen mit dem Püree und den mit Preiselbeeren gefüllten Birnen servieren.

Interessant!

Der Tafelspitz hat zwar seinen Ursprung in der österreichischen Küche, ist aber auch in vielen Regionen Deutschlands verbreitet. In Hessen findet man ihn auch als „Ochsenfleisch", „Rinderbrust" oder „Siedfleisch" auf der Speisekarte. Es handelt sich dabei um Rindfleisch, das in Brühe gegart und häufig mit einer Meerrettichsoße serviert wird.

Lumpen und
Flöh

Zutaten *für 4 Personen:*

500 g Schweinebauch
2 Zwiebeln
100 g Dörrfleisch
500 g Weißkohl
500 g Kartoffeln
50 g Butter
2 EL Kümmel
Salz, Pfeffer

<<E gescheit Hinkel leescht
aach emol denewwer.>>

*Ein gescheites Huhn legt
auch einmal daneben.
(Jeder kann mal
einen Fehler machen.)*

Zubereitung:

1. Den Schweinebauch in Würfel schneiden. Die Zwiebeln abziehen und fein würfeln. Das Dörrfleisch ebenfalls fein würfeln.

2. Den Weißkohl putzen und waschen. Die Kartoffeln waschen und schälen. Beides in mundgerechte Stücke schneiden.

3. In einem großen Topf die Butter schmelzen und den Schweinebauch, die Zwiebeln und das Dörrfleisch darin anbraten.

4. Die Weißkohl- und Kartoffelstücke dazugeben und alles einige Minuten dünsten. Dann so viel Wasser angießen, dass alles bedeckt ist. Den Kümmel unterrühren und mit Salz und Pfeffer würzen. Bei geringer Hitze ca. 40 Minuten garen.

5. Den Eintopf in Suppentellern servieren. Dazu passt frisches Bauernbrot.

Interessant!

Dieses Eintopfgericht stammt aus der Gegend um Bad Hersfeld und ist eine Art hessisches Irish Stew. Der eigenwillige Name bezieht sich auf die Weißkohlstücke („Lumpen") und den Kümmel („Flöh"), die darin enthalten sind. Der Kümmel ist wichtig, denn er sorgt dafür, dass der Kohl besser verdaut werden kann.

Eisbein mit sauren Bohnen

Zutaten *für 4 Personen:*

2 EL gekörnte Brühe
1 Eisbein (gepökelte
   Schweine-Hinterhaxe,
   ca. 2 kg)
1 EL Margarine
1 EL Mehl
500 g geschnittene saure
   Bohnen

Zubereitung:

1. In einem großen Topf 3 Liter Wasser zum Kochen bringen und die gekörnte Brühe einrühren. Das Eisbein hineinlegen und je nach Größe 2–3 Stunden leicht köcheln lassen.

2. Die Haxe herausnehmen und im Backofen bei ca. 100 °C (Umluft 80 °C) warmhalten. Etwas von der Brühe zur Seite stellen.

3. In einem Topf die Margarine erhitzen. Mit einem Schneebesen das Mehl einrühren und mit so viel Brühe von der Haxe aufgießen, dass eine sämige Soße entsteht.

4. Die sauren Bohnen hineingeben und unter ständigem Rühren erhitzen. Die Bohnen zu dem Eisbein servieren. Dazu passt Kartoffelpüree (Rezept siehe Seite 32).

Tipp:

Wenn Sie das Eisbein nicht im Ganzen servieren möchten, können Sie es mit einem langen Messer am Knochen entlang in Scheiben schneiden. Eventuelle Reste schmecken auch kalt mit Brot und Senf sehr gut. Alternativ zu den sauren Bohnen können Sie das Eisbein natürlich auch mit Sauerkraut servieren. Verfeinern Sie es mit einem Äpfelchen, denn diese süßliche Note harmoniert bestens mit dem kräftigen Aroma des Eisbeins.

<<Was isch net waaß –
ess isch kalt unn haaß.>>

*Was ich nicht weiß –
ess' ich kalt und heiß.*

Dibbehas mit
Kartoffelknödeln

Zutaten *für 6 Personen:*

1 gehäuteter und
 entbeinter Feldhase
500 g Schweinebauch
1 Bund Suppengrün
2 Zwiebeln
50 g Butterschmalz
50 g Mehl
3 EL Tomatenmark
Majoran
Thymian
1 l trockener Rotwein
Salz, Pfeffer

Für die Kartoffelknödel:

1,5 kg gekochte und
 gepellte Kartoffeln
 vom Vortag
2 Eier
100 g Grieß
100 g Kartoffelstärke
geriebene Muskatnuss
Salz, Pfeffer

<<Mer soll uffheern, wanns
am besde schmeckt.>>

*Man soll aufhören,
wenn es am besten schmeckt.*

Zubereitung:

1. Das Hasenfleisch und den Schweinebauch in mundgerechte Stücke
schneiden. Das Suppengrün putzen,
waschen und klein schneiden. Die
Zwiebeln abziehen und fein würfeln.

2. Das Butterschmalz in einer großen
Pfanne erhitzen und die Zwiebel-
und Suppengrünstücke darin anbraten. Die Fleischstücke dazugeben
und mit anbraten. Alles in einen
Bräter füllen.

3. Das Mehl in dem restlichen Brat-
fett in der Pfanne anschwitzen, das
Tomatenmark, die Kräuter, Salz und
Pfeffer dazugeben und mit dem Rotwein ablöschen.

4. Die Soße in den Bräter gießen und
diesen in den kalten Backofen auf
die untere Schiebeleiste stellen. Bei
250 °C (Umluft 230 °C) ca. 30 Minuten garen, dann die Hitze auf
175 °C (Umluft 155 °C) reduzieren
und den Dibbehas weitere 90 Minuten garen.

5. In der Zwischenzeit die Kartoffeln
reiben oder durch die Presse drücken. Die Eier, den Grieß und die
Kartoffelstärke dazugeben und mit
Muskat, Salz und Pfeffer würzen.

6. Alles gut verkneten und aus der Masse Klöße
formen. Salzwasser in einem Topf erhitzen und
die Klöße darin ca. 15 Minuten sieden lassen.
Mit einem Schaumlöffel herausnehmen, abtropfen lassen und zu dem Dibbehas servieren.

Tipp:

Zu dem Dibbehas und den Kartoffelklößen
passt am besten Rotkohl, das mit einem
Äpfelchen verfeinert wurde.

Zutaten *für 6 Personen:*

1 kg Weißkohl
2 Zwiebeln
1 altbackenes Brötchen
1 kg gemischtes Hack-
   fleisch
1 Ei
2 EL Butter
2 EL Mehl
500 ml Fleischbrühe
3 EL Schmand
geriebene Muskatnuss
Salz, Pfeffer

<<Zu jedem Dippche
geheert en Deckel.>>

*Zu jedem Topf gehört
ein Deckel.
(Zu jedem Mensch findet sich
der passende Partner.)*

Waldecker Krauthäubchen

Zubereitung:

1. Den Weißkohl putzen und in grobe Stücke schneiden. In Salzwasser kurz kochen, dann kalt abschrecken und abtropfen lassen.

2. Die Zwiebeln abziehen und fein würfeln. Das Brötchen in Wasser einweichen und anschließend wieder ausdrücken. Das Hackfleisch mit den Zwiebeln, dem ausgedrückten Brötchen, dem Ei, etwas Muskatnuss, Salz und Pfeffer gut vermischen.

3. Eine Krautkopfform mit Butter oder Öl einfetten. Den Weißkohl und die Hackfleischmasse abwechselnd einschichten und die Form gut verschließen. In einem großen Topf im Wasserbad ca. 40 Minuten gar köcheln. Das Krauthäubchen aus der Form stürzen, dabei den Sud auffangen.

4. Für die Soße die Butter schmelzen und mit einem Schneebesen das Mehl einrühren. Unter ständigem Weiterrühren den aufgefangenen Sud und die Fleischbrühe dazugießen. Den Schmand unterrühren und alles zu einer sämigen Soße verrühren. Eventuell mit Salz und Pfeffer abschmecken.

5. Das Krauthäubchen in Scheiben schneiden und mit der Soße servieren. Dazu passen am besten Salzkartoffeln.

Tipp:

Wenn Sie diese nordhessische Spezialität nachkochen möchten, aber keine Krautkopfform besitzen, können Sie stattdessen auch eine handelsübliche Gugelhupfform verwenden. Verschließen Sie sie nach dem Einschichten gut mit Alufolie und achten Sie unbedingt darauf, dass im Wasserbad kein Wasser in die Form gelangt.

Interessant!

Die Einwohner von Limburg nennt man umgangssprachlich „Säcker" und die hier ab der zweiten Generation geborenen Altstadtbewohner sind die „Edelsäcker". Ein Limburger Edelsäcker ist also nicht nur ein herzhaftes Hauptgericht, sondern auch ein echter „Eingeborener"!

Limburger Edelsäcker

Zubereitung:

1. Die Zwiebeln abziehen und fein würfeln. Das Dörrfleisch und die Essiggurken ebenfalls würfeln. Die Kartoffel und die Karotte putzen, waschen und in Stücke schneiden.

2. Die Zwiebeln zusammen mit dem Dörrfleisch in 2 Esslöffeln Öl anbraten. Das Sauerkraut und ein wenig Wasser dazugeben und alles 20 Minuten dünsten. Anschließend die Gurkenwürfel untermischen.

3. Die Koteletts salzen, eine Tasche hineinschneiden und innen mit dem Senf bestreichen. Das Kraut in die Öffnung füllen und dann die Koteletts mit einem Faden zubinden.

4. Die Koteletts in etwas Mehl wenden und in einem großen Topf in dem restlichen Öl anbraten. Die Fleischbrühe, die Kartoffel und die Karotte dazugeben und alles bei mittlerer Hitze ca. 80 Minuten garen.

5. Den „Limburger Säcker" in Scheiben schneiden, den Bindfaden entfernen und zusammen mit der Soße servieren. Dazu passen Bratkartoffeln (Rezept siehe Seite 54).

Zutaten *für 4 Personen:*

2 Zwiebeln
100 g Dörrfleisch
4 Essiggurken
1 Kartoffel
1 Karotte
4 EL Pflanzenöl
200 g Sauerkraut
4 Schweinekoteletts
  (ausgebeint, à 200 g)
2 EL Senf
etwas Mehl
400 ml Fleischbrühe
Salz, Pfeffer

<<Was juckt misch
e schee Schissel,
wann nix drin is.>>

*Was interessiert mich
eine schöne Schüssel,
wenn nichts drin ist.*

Odenwälder Kochkässchnitzel

Zutaten *für 6 Personen:*

Für die Bratkartoffeln:
1 kg Kartoffeln
1 Zwiebel
3 EL Pflanzenöl
Salz, Pfeffer

Für die Schnitzel:
4 Schweineschnitzel
1 Ei
4 EL Semmelbrösel
200 g Kochkäse
2 EL Pflanzenöl
Salz, Pfeffer

<<Mer lebt net fer ze esse,
mer ißt fer ze lebe.>>

*Man lebt nicht, um zu essen,
man isst, um zu leben.*

Zubereitung:

1. Die Kartoffeln schälen, waschen und in Scheiben schneiden. Die Zwiebel abziehen und in Würfel schneiden.

2. Das Öl in einer großen Pfanne erhitzen und die Kartoffelscheiben darin anbraten. Die Zwiebelwürfel dazugeben und mit Salz und Pfeffer würzen. Zugedeckt ca. 20 Minuten bei mittlerer Hitze braten, dabei ab und zu umrühren.

3. Die Schnitzel mit Salz und Pfeffer würzen. In einem tiefen Teller das Ei mit einer Gabel verrühren und in einen anderen Teller die Semmelbrösel geben. Die Schnitzel zuerst im Ei und dann in den Semmelbröseln wenden.

4. Das Öl in einer Pfanne erhitzen und die Schnitzel von jeder Seite ca. 6 Minuten braten. Die Schnitzel auf Teller verteilen, den Kochkäse darübergeben und zusammen mit den Bratkartoffeln sofort servieren.

Tipp:

Am besten schmeckt es natürlich, wenn Sie den Kochkäse selbst zubereiten. Das Rezept für Odenwälder Kochkäse finden Sie auf Seite 21.

Interessant!

Kochkässchnitzel besteht aus einem panierten Schnitzel, über das Kochkäse gegossen wird. Kochkäse ist ein cremiger Sauermilchkäse, der in Käsereien im Odenwald hergestellt wird. Als regionale Spezialität findet man Kochkässchnitzel auf der Speisekarte zahlreicher Gasthäuser im Odenwald und an der Bergstraße.

Quittenlikör

Zutaten *für 2 Flaschen à 500 ml:*

500 g Apfelquitten
1 unbehandelte Zitrone
400 g Zucker
1 l Wodka, ca. 40 Vol.-%

Zubereitung:

1. Die Quitten abreiben und in Scheiben schneiden. Die Zitrone heiß waschen und die Schale mit einem Zestenreißer abschneiden.

2. Den Zucker mit den Quitten und der Zitronenschale in ein sauberes Glasgefäß mit weiter Öffnung geben. Den Wodka darüber gießen und das Gefäß fest verschließen. Den Ansatz ca. 2 Wochen kühl und dunkel ruhen lassen. Das Gefäß regelmäßig schwenken, damit sich der Zucker vollständig löst.

3. Die Flaschen gründlich mit heißem Wasser reinigen und trocknen lassen. Ein Sieb mit einem Tuch auslegen und in eine Schüssel hängen. Den Likör in das Sieb schütten, filtern und in die vorbereiteten Flaschen füllen.

Quittenschnaps

Zubereitung:

1. Die Quitten abreiben und in Stücke schneiden. Mit dem Zucker in ein sauberes Glasgefäß mit weiter Öffnung geben und mit dem Korn übergießen. Das Gefäß fest verschließen.

2. Den Ansatz ca. 2 Wochen kühl und dunkel ruhen lassen. Das Gefäß regelmäßig schwenken, damit sich der Zucker vollständig löst.

3. Die Flaschen gründlich mit heißem Wasser reinigen und trocknen lassen. Ein Sieb mit einem Tuch auslegen und in eine Schüssel hängen. Den Schnaps in das Sieb schütten, filtern und in die vorbereiteten Flaschen füllen.

Zutaten *für 2 Flaschen à 500 ml:*

400 g Apfelquitten
80 g weißer Kandiszucker
1 l Korn, ca. 32 Vol.-%

Kirschenmichel

mit Vanillesoße

Zutaten *für 4 Personen:*

6 altbackene Brötchen
  oder 12 Weißbrot-
  scheiben
3 Eier
300 ml Milch
3 EL Zucker
1 Prise Salz
1 EL Zimt
700 g entsteinte Sauer-
  kirschen (frisch oder
  aus dem Glas)
3 EL gehackte Mandeln
1 Päckchen Vanillezucker

Außerdem:

Butter für die Form
Semmelbrösel zum
  Ausstreuen
Puderzucker zum
  Bestäuben

<<E Redd ohne
Sprischword is wie
was ze Esse ohne Salz.>>

*Eine Rede ohne Sprichwort
ist wie eine Speise ohne Salz.*

Zubereitung:

1. Die Brötchen bzw. das Weißbrot in grobe Stücke oder Scheiben schneiden. Die Eier trennen.

2. Die Milch mit den Eigelben, dem Zucker, dem Salz und dem Zimt verrühren. Die Eiermilch leicht erwärmen und die Brotstücke darin aufweichen lassen. Die Kirschen mit den abgekühlten Brötchen und den Mandeln vermischen.

3. Die Eiweiße steif schlagen und den Vanillezucker einrieseln lassen. Den Eischnee vorsichtig unter die Brötchenmasse heben.

4. Den Backofen auf 180 °C (Umluft 160 °C) vorheizen. Eine Auflaufform mit Butter ausfetten und mit Semmelbröseln ausstreuen. Die Masse in die Form geben und Butterflöckchen darauf verteilen. Im vorgeheizten Backofen ca. 45 Minuten backen.

5. Den Kirschenmichel mit Puderzucker bestreuen und noch warm servieren. Dazu passt Vanillesoße.

Tipp:

Selbst gemacht schmeckt Vanillesoße am besten: In einem Topf 3 Eigelbe mit 2 Esslöffeln Zucker, 2 Esslöffeln Vanillezucker, 1 Esslöffel Speisestärke und dem Mark einer ausgekratzten Vanilleschote verrühren. 350 ml Milch dazugeben und alles bei schwacher Hitze so lange rühren, bis die Soße andickt. Die Soße darf nicht kochen!

Zutaten *für 4 Personen:*

200 g Weizenmehl
3 Eier
200 ml Milch
6 große Äpfel
Zucker
Rum
Salz

Außerdem:
Pflanzenfett zum
   Ausbacken
Puderzucker zum
   Bestäuben

<<Es werd nix so haaß
gegesse wie's
gekocht werd.>>

*Es wird nichts so heiß
gegessen wie es gekocht wird.*

Apfel-pfannkuchen

Zubereitung:

1. Das Mehl in eine Schüssel sieben. Die Eier nach und nach mit der Milch in das Mehl einrühren, bis ein dickflüssiger Teig entstanden ist. Eine Prise Salz dazugeben.

2. Die Äpfel waschen und schälen. Mit einem Apfelausstecher das Kerngehäuse ausstechen und die Äpfel in ca. 1 cm dicke Ringe schneiden. Mit etwas Zucker bestreuen, mit etwas Rum beträufeln und ca. 10 Minuten ziehen lassen.

3. In einer hohen Pfanne so viel Pflanzenfett erhitzen, dass die Apfelpfannkuchen schwimmend ausgebacken werden können.

4. Die Apfelringe in den Teig tauchen und nach und nach in dem heißen Fett goldbraun ausbacken. Die fertigen Pfannkuchen kurz auf Küchenkrepp und dann auf einen vorgewärmten Teller legen. Mit Puderzucker bestäuben.

Tipp:

Wenn Sie keinen Apfelausstecher besitzen, können Sie auch die geschälten Äpfel in Scheiben schneiden, diese auf ein Brett legen und das Kerngehäuse mit einem spitzen Messer herausschneiden.

Original **Frankfurter** Kranz

Zubereitung:

1. Die Eier aufschlagen und den Zucker dazugeben. Unter Rühren mit dem Schneebesen auf kleiner Flamme handwarm erwärmen.

2. Die Eiermasse in der Küchenmaschine oder mit dem Handrührgerät steif und schaumig schlagen. Das Mehl mit der Speisestärke und dem Backpulver sieben.

3. Die Butter schmelzen und das gesiebte Mehl mit viel Gefühl mit einem Kochlöffel unter die Eimasse heben. Danach die flüssige Butter vorsichtig einrühren.

4. Die Masse in die gefettete Form einfüllen und im vorgeheizten Backofen bei 180 °C (Umluft 160 °C) ca. 40 Minuten backen. Anschließend den Biskuit auf einem Gitter auskühlen lassen.

5. Für die Krokantmasse den Zucker in einer Stielkasserolle schmelzen. Wenn die Masse flüssig ist, die Mandeln einrühren. Die heiße Masse sofort auf einem gefetteten Brett oder Blech so flach wie möglich ausstreichen.

6. Für die Buttercreme die Butter mit dem Puderzucker schaumig schlagen und anschließend den Vanillepudding einrühren. Den gut ausgekühlten Kranz zweimal durchschneiden. Jede Lage mit der Buttercreme bestreichen und dann den ganzen Kranz mit der Creme bestreichen. Etwas Creme für die Rosetten aufheben.

7. Den Krokant mit dem Nudelholz zerstoßen und den Kranz damit bestreuen. Die restliche Creme in einen Spritzbeutel füllen und Rosetten auf den Kranz spritzen. Die Belegkirschen auf die Rosetten legen.

Zutaten *für eine runde Kranzform (Durchmesser 26 cm):*

Für den Biskuit:
5 Eier
250 g Zucker
125 g Mehl
125 g Speisestärke
1 Msp. Backpulver
125 g Butter

Für den Krokant:
250 g Zucker
100 g gehobelte Mandeln

Für die Buttercreme:
400 g Butter
200 g Puderzucker
200 g Vanillepudding

Außerdem:
16 Belegkirschen zum Verzieren

<<Viel is guud,
abber mehr is noch besser.>>

*Viel ist gut,
aber mehr ist noch besser.*

Zutaten *für 1 Backblech:*

Für den Teig:
250 ml Milch
500 g Mehl
1 Würfel Frischhefe oder
  1 Päckchen Trockenhefe
80 g Zucker
80 g weiche Butter oder
  Margarine
1 Päckchen Vanillezucker
1 Prise Salz

Für den Belag:
3 kg Äpfel
100 g Zucker

Außerdem:
100 g Rosinen nach
  Belieben
400 ml süße Sahne

<<Wer trotzt an de Schissel,
der schad seim
eischene Rissel.>>

*Wer beim Essen zimperlich ist,
der schadet sich selbst.*

Apfelmus-
Blechkuchen

Zubereitung:

1. Die Milch leicht erwärmen. Das Mehl in eine Schüssel sieben und in die Mitte eine Mulde drücken. Die Hefe hineinbröckeln und mit 1 Teelöffel Zucker und der Hälfte der Milch zu einem Vorteig verrühren. Mit einem Tuch abgedeckt ca. 10 Minuten an einem warmen Ort gehen lassen.

2. Wenn der Vorteig Blasen wirft, die restlichen Zutaten hinzufügen und alles mit den Knethaken des Handrührgerätes zu einem geschmeidigen Teig verkneten. Den Teig mit etwas Mehl bestreuen und in einer Schüssel abgedeckt ca. 30 Minuten gehen lassen.

3. Den Hefeteig auf einer bemehlten Arbeitsfläche mit einem Nudelholz etwa in der Größe des Backblechs ausrollen. Das Backblech mit Butter einfetten oder mit Backpapier auslegen und den Teig darauflegen. Den Teig mehrmals mit einer Gabel einstechen. Die Ränder leicht hochdrücken und den Teig abgedeckt nochmals 5 Minuten gehen lassen. Den Backofen auf 180 °C (Umluft 160 °C) vorheizen.

4. Den Hefeteigboden ca. 30 Minuten auf der mittleren Schiebeleiste backen, dann aus dem Ofen nehmen und abkühlen lassen.

5. Die Äpfel schälen, entkernen und vierteln. Mit 150 ml Wasser in einem Topf ca. 15 Minuten kochen lassen. Den Zucker hinzufügen und alles mit einem Pürierstab zu Mus verarbeiten. Je nach Apfelsorte und Geschmack die Zuckermenge erhöhen oder verringern.

6. Wenn das Apfelmus etwas abgekühlt ist, nach Belieben die Rosinen unterrühren und das Apfelmus auf dem gebackenen Hefeteigboden verteilen.

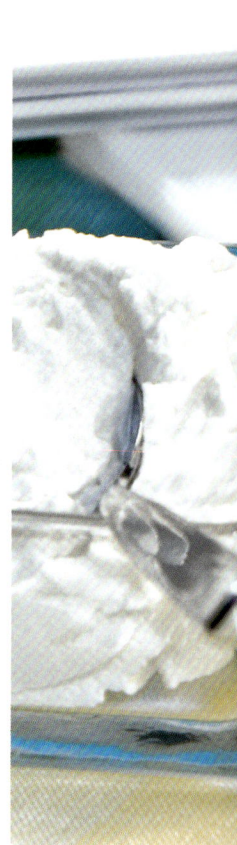

7. Die Sahne steif schlagen und mithilfe einer Spritztülle in kleinen Tupfern auf dem Kuchen verteilen.

Tipp:

Mit frisch gekochtem Apfelmus, vielleicht sogar mit Äpfeln aus dem eigenen Garten, schmeckt dieser Kuchen natürlich am besten. Wenn es aber schnell gehen soll, können Sie auch Apfelmus aus dem Glas verwenden. Allerdings sollten Sie dann auf gute Qualität achten!

Interessant!

Apfelwein ist ein aus Äpfeln gekelterter Fruchtwein mit einem Alkoholgehalt von 5 bis 7 Prozent. Er ist ein typisch hessisches Getränk, das traditionell in Krügen aus Steinzeug, den sogenannten Bembeln, serviert wird. Man trinkt ihn pur, als „Sauergespritzten" (mit Mineralwasser) oder als „Süßgespritzten" (mit Limonade).

Apfelwein-
torte

Zubereitung:

1. Die Butter mit dem Zucker und dem Vanillezucker schaumig rühren und das Ei dazugeben. Das Mehl mit dem Backpulver vermischen und nach und nach unter die Masse rühren. Den Teig ca. 1 Stunde im Kühlschrank ruhen lassen.

2. Die Äpfel schälen und das Kerngehäuse entfernen, dann in kleine Stücke schneiden.

3. Den Backofen auf 180 °C (Umluft 160 °C) vorheizen. Den Teig in eine ausgefettete Springform füllen und einen kleinen Rand formen.

4. Das Puddingpulver mit einigen Löffeln Apfelwein anrühren. Den restlichen Apfelwein mit dem Zucker und dem Vanillezucker zum Kochen bringen. Das angerührte Puddingpulver unterrühren und die Apfelstücke dazugeben.

5. Die Masse in die Springform füllen und im vorgeheizten Backofen ca. 1 Stunde backen, dann im ausgeschalteten Backofen noch etwas ruhen lassen.

6. Die Sahne mit dem Sahnesteif steif schlagen, auf dem abgekühlten Kuchen gleichmäßig verteilen und mit Zucker und Zimt bestreuen.

Zutaten *für 1 runde Springform (Durchmesser 28 cm):*

Für den Teig:
125 g weiche Butter
  oder Margarine
125 g Zucker
1 Päckchen Vanillezucker
1 Ei
250 g Mehl
½ Päckchen Backpulver

Für den Belag:
1,5 kg Äpfel
2 Päckchen Puddingpulver
  Vanille
¾ l Apfelwein
220 g Zucker
1 Päckchen Vanillezucker
400 ml süße Sahne
1 Päckchen Sahnesteif

Außerdem:
Zimt und Zucker zum
  Bestreuen

<<Wie de Vochel, so es Ei,
wie de Koch, so de Brei.>>

*Wie der Vogel, so das Ei,
wie der Koch, so der Brei.*

Butterkuchen
mit Mandeln

Zutaten *für 1 Backblech:*

Für den Teig:
200 ml Milch
375 g Mehl
1 Würfel Frischhefe oder
   1 Päckchen Trockenhefe
50 g Zucker
50 g weiche Butter
1 Ei
1 Prise Salz

Für den Belag:
75 g Butter
50 g gehobelte Mandeln
50 g Zucker

<<Wanns Grießbrei
reechend, muss mer en
Löffel habbe zum Schebbe.>>

*Wenn es Grießbrei regnet,
braucht man einen Löffel
zum Schöpfen.
(Man muss die Gelegenheiten,
die sich einem bieten,
zu nutzen wissen.)*

Zubereitung:

1. Die Milch für den Teig leicht erwärmen. Das Mehl in eine Schüssel sieben und in die Mitte eine Mulde drücken. Die Hefe hineinbröckeln und mit 1 TL Zucker und 100 ml Milch zu einem Vorteig verrühren. Mit einem Tuch abgedeckt ca. 20 Minuten an einem warmen Ort gehen lassen.

2. Die Butter, das Ei sowie das Salz zum Vorteig hinzufügen und alles mit den Knethaken des Handrührgerätes zu einem geschmeidigen Teig verarbeiten. Den Teig in einer abgedeckten Schüssel ca. 1 Stunde ruhen lassen.

3. Den Hefeteig aus der Schüssel nehmen und auf einer bemehlten Arbeitsfläche mit einem Nudelholz in der Größe des Backblechs ausrollen. Das Backblech mit Butter einfetten oder mit Backpapier auslegen. Den Teig darauflegen und die Ränder leicht hochdrücken. Den Teig abdecken und weitere 5 Minuten gehen lassen.

4. Den Backofen auf 200 °C (Umluft 180 °C) vorheizen. Für den Belag die Butter zerlassen und damit den Kuchen bestreichen. Mit Mandeln und Zucker bestreuen und im Backofen auf der mittleren Schiebeleiste ca. 20 Minuten backen.

Interessant!

Der Butterkuchen ist – neben dem Streuselkuchen – ein klassischer „Beerdigungskuchen". Diese Kuchen wurden früher nach der Trauerfeier serviert. In den ländlichen Regionen Hessens wird diese Tradition auch heute noch fortgeführt.

Maddekuche

— Käsekuchen —

Zubereitung:

1. Die Milch für den Teig leicht erwärmen. Das Mehl in eine Schüssel sieben und in die Mitte eine Mulde drücken. Die Hefe hineinbröckeln und mit 1 Teelöffel Zucker und 100 ml Milch zu einem Vorteig verrühren. Mit einem Tuch abgedeckt ca. 20 Minuten an einem warmen Ort gehen lassen.

2. Die Rosinen waschen, einige Minuten in lauwarmem Wasser einweichen und gut ausdrücken. Den Quark mit dem Zucker, der Speisestärke, der Milch und den Eiern verrühren. Das Mark der Vanilleschote herauskratzen und zusammen mit einigen Tropfen Zitronenaroma zu der Quarkmasse geben. Die Rosinen hinzufügen und alles gut verrühren.

3. Dem Vorteig die restlichen Zutaten hinzufügen und alles mit den Knethaken des Handrührgerätes schnell zu einem geschmeidigen Teig verarbeiten. Abgedeckt weitere 10 Minuten ruhen lassen. Danach den Teig auf einer bemehlten Arbeitsfläche flachdrücken, die Seiten nach innen einschlagen und in der abgedeckten Schüssel nochmals 10 Minuten gehen lassen. Den Backofen auf 200 °C (Umluft 180 °C) vorheizen.

4. Den Hefeteig auf der bemehlten Arbeitsfläche mit einem Nudelholz in der Größe des Backblechs ausrollen. Das Backblech mit Butter einfetten oder mit Backpapier auslegen und den Teig darauflegen. Die Ränder leicht hochdrücken, den Teig abgedeckt nochmals 5 Minuten gehen lassen.

5. Die Quarkmasse auf den Teig geben und im Backofen auf der mittleren Schiebeleiste ca. 40 Minuten backen.

Interessant!

Der Maddekuche wurde früher in den Dörfern im gemeinschaftlichen Backhaus nach dem Brot in den Ofen geschoben.

Zutaten *für 1 Backblech:*

Für den Teig:
250 ml Milch
500 g Mehl
1 Würfel Frischhefe oder
   1 Päckchen Trockenhefe
80 g Zucker
80 g weiche Butter oder
   Margarine
1 Päckchen Vanillezucker
1 Prise Salz

Für den Belag:
250 g Rosinen
1 kg Schichtkäse oder
   Magerquark
200 g Zucker
60 g Speisestärke
250 ml Milch
3 Eier
1 Vanilleschote
etwas Zitronenabrieb

<<Die Lieb geht
dorsch de Maache.>>

Liebe geht durch den Magen.

Streuselkuchen und Zimtkuchen

Zutaten *für 1 Backblech:*

Für den Teig:
250 ml Buttermilch
500 g Mehl
1 Würfel Frischhefe oder
   1 Päckchen Trockenhefe
80 g Zucker
80 g weiche Butter oder
   Margarine
1 Päckchen Vanillezucker
1 Prise Salz

Für die Streusel:
175 g Mehl
¼ Päckchen Backpulver
120 g Butter
120 g Zucker
1 TL Zimt
1 Prise Salz

Für den Zimtbelag:
75 g weiche Butter
75 g Zucker
20 g Mehl
½ EL Zimt

Außerdem:
Puderzucker zum
   Bestäuben

Zubereitung:

1. Die Buttermilch für den Teig leicht erwärmen. Das Mehl in eine Schüssel sieben und in die Mitte eine Mulde drücken. Die Hefe hineinbröckeln und mit 1 Teelöffel Zucker, der Hälfte der Buttermilch und etwas Mehl zu einem Vorteig verrühren. Mit einem Tuch abgedeckt ca. 20 Minuten an einem warmen Ort gehen lassen.

2. Für die Streusel das Mehl und das Backpulver in eine Schüssel sieben, die Butter in Flöckchen dazugeben und die restlichen Zutaten sowie das Salz hinzufügen. Alles rasch mit den Händen zu Streuseln verarbeiten.

3. Für den Zimtbelag die Butter, den Zucker, das Mehl und den Zimt zu einer streichfähigen Paste verarbeiten.

4. Den Vorteig mit den restlichen Teigzutaten vermischen und mit den Knethaken des Handrührgerätes zu einem geschmeidigen Teig verarbeiten. Den Teig weitere 20 Minuten gehen lassen. Den Backofen auf 200 °C (Umluft 180 °C) vorheizen.

5. Den Hefeteig aus der Schüssel nehmen und auf einer bemehlten Arbeitsfläche mit einem Nudelholz in der Größe des Backblechs ausrollen. Das Backblech mit Butter einfetten oder mit Backpapier auslegen. Den Teig darauflegen und die Ränder leicht hochdrücken. Den Teig abdecken und weitere 5 Minuten gehen lassen.

6. Die Streusel auf der Hälfte des Teigs und die Zimtpaste auf der anderen Hälfte verteilen und ca. 35 Minuten auf der mittleren Schiebeleiste backen. Nach dem Abkühlen mit Puderzucker bestäuben.

Tipp:

Sie können natürlich auch nur eine Variante backen: Verdoppeln Sie die Menge des Belags Ihrer Wahl – also entweder Streusel oder Zimt – und belegen Sie das ganze Blech damit. Übrigens: Im Hessischen nennt man Streusel „Riwwel" und Streuselkuchen somit „Riwwelkuche".

Zutaten *für 1 Kranzform*
(Durchmesser 26 cm):

200 g weiche Butter
   oder Margarine
200 g Zucker
1 Päckchen Vanillezucker
1 Prise Salz
4 Eier
400 g Mehl
1 Päckchen Backpulver
1 EL Kakaopulver
1 TL Zimt
150 ml Rotwein
   (Spätburgunder)
100 g Raspelschokolade

Außerdem:
Puderzucker zum
   Bestäuben

<<Wer net kimmt
zer rechde Zeit,
der muss esse,
was iwwerisch bleibt.>>

*Wer nicht kommt zur rechten Zeit,
der muss essen, was übrig bleibt.*

Schokoladen-
Rotwein- Kuchen

Zubereitung:

1. Den Backofen auf 180 °C (Umluft 160 °C) vorheizen.

2. Die Butter mit dem Zucker, dem Vanillezucker und dem Salz cremig rühren. Die Eier nacheinander hinzufügen und schaumig schlagen.

3. Das Mehl mit dem Backpulver, dem Kakao und dem Zimt mischen und abwechselnd mit dem Rotwein unterrühren. Zum Schluss die Raspelschokolade unterheben.

4. Den Teig in eine ausgefettete und mit Mehl bestäubte Form füllen und ca. 50 Minuten backen. Mit einem Holzstäbchen in die Mitte des Kuchens stechen: Wenn kein Teig mehr daran kleben bleibt, den Kuchen herausnehmen und 15 Minuten abkühlen lassen. Dann vorsichtig auf ein Kuchengitter stürzen, vollständig auskühlen lassen und mit Puderzucker bestäuben.

Tipp:

Servieren Sie zu dem Rotweinkuchen entweder frisch geschlagene Sahne oder eine köstliche Frischkäsecreme: Verrühren Sie 80 g weiche Butter mit 100 g Puderzucker. Geben Sie 350 g Frischkäse dazu und verrühren Sie alles zu einer cremigen Masse. Schlagen Sie 150 ml süße Sahne steif und heben Sie sie unter die Frischkäsecreme.

Interessant!

Die süßen Marzipankugeln wurden nach der Frankfurter Bankiersfamilie Bethmann benannt. Der Legende nach wurden sie Mitte des 19. Jh. von einem angestellten Konditor erfunden und waren ursprünglich mit vier Mandelhälften ausgestattet – eine für jeden der vier Söhne. Nachdem ein Sohn gestorben war, ließ man eine Mandelhälfte weg, weshalb die Bethmännchen heute nur noch mit drei Mandeln bestückt sind.

Frankfurter
Bethmännchen

Zubereitung:

1. Den Backofen auf 150 °C (Umluft 130 °C) vorheizen und ein Backblech mit Backpapier auslegen.

2. Das Ei trennen. Das Marzipan mit dem Rosenwasser, dem Puderzucker, den gemahlenen Mandeln, dem Mehl und dem Eiweiß zu einem Teig verkneten.

3. Den Teig zu einer Rolle formen und mit einem Messer ca. 2 cm breite Stücke abschneiden. Die Stücke mit angefeuchteten Händen zu einer Kugel formen. An die Seiten jeder Kugel jeweils 3 halbierte Mandeln drücken.

4. Das Eigelb mit etwas Wasser verquirlen. Die Kugeln auf das Backblech setzen und die Oberseite mit dem Eigelb bestreichen. Ca. 20 Minuten backen, bis die Bethmännchen hellbraun sind.

Zutaten *für ca. 30 Stück:*

1 Ei
250 g Marzipanrohmasse
2 EL Rosenwasser
30 g Puderzucker
50 g fein gemahlene Mandeln
30 g Mehl
50 g geschälte, halbierte Mandeln

<<Is es Dibbsche
aach noch so schebb,
es find doch en Deggel.>>

Ist das Töpfchen noch so schief,
es findet doch einen Deckel.
(Ist die Person auch hässlich,
so findet sie doch einen Partner.)

Latwerge
— Pflaumenmus —

Zubereitung:

1. Die Zwetschgen waschen, entsteinen und vierteln.

2. Zusammen mit dem Zucker, dem Sternanis und der Zimtstange in einen großen Topf geben. Zugedeckt über Nacht stehen lassen.

3. Wenn die Zwetschgen so viel Saft gezogen haben, dass sie oben schwimmen, den Topf auf den Herd stellen und langsam zum Kochen bringen. Auf keinen Fall umrühren, denn solange die Zwetschgen oben schwimmen, können sie auch nicht anbrennen!

4. Die Zwetschgen auf die Hälfte einkochen lassen. Das kann bis zu 5 Stunden dauern. Die letzte halbe Stunde während des Kochens gut durchrühren, bis ein festes Mus entstanden ist.

5. Die Zimtstange und den Sternanis entfernen. Das Mus noch heiß in sterilisierte Gläser füllen. Die Gläser fest verschließen und abkühlen lassen.

<<Des sinn mer grad
die Rischdische, die
wo beim Schaffe friern
unn beim Esse schwitze.>>

Das sind mir gerade die Richtigen,
die beim Arbeiten frieren und
beim Essen schwitzen.

Register

Apfelmus-Blechkuchen 64
Apfelpfannkuchen 60
Apfelweintorte 66

Butterkuchen mit Mandeln 68

Dibbehas mit Kartoffelknödeln 48
Dibbekuche mit Apfelmus 38
Diebchen mit Schustersoße 30

Eisbein mit sauren Bohnen 46

Forelle blau mit
    Kräuterkartoffeln 40
Frankfurter Bethmännchen 76
Frankfurter Grüne Soße 24
Fuldisch Supp – Brotsuppe – 12

Grünkernsuppe mit
    Markklößchen 16

Handkäse mit „Musik" 20
Himmel und Erde 32

Kartoffelgemüse mit Bratwurst 28
Kartoffelpfannkuchen mit Dip 36
Kartoffelsalat mit Endivien 18
Kartoffelcremesuppe 10
Kartoffelsuppe mit Dörrfleisch 10
Kirschenmichel mit Vanillesoße 58

Latwerge – Pflaumenmus – 78
Limburger Edelsäcker 52
Linsensuppe mit geröstetem
    Bauernbrot 14
Lumpen und Flöh 44

Maddekuche – Käsekuchen – 70

Odenwälder Kochkäse 21
Odenwälder Kochkässchnitzel 54
Original Frankfurter Kranz 62

Quittenlikör 56
Quittenschnaps 57

Rippchen und Sauerkraut mit
    Kartoffelpüree 34

Sauerampfersuppe 8
Schlachtplatte mit Sauerkraut 22
Schmandhering mit
    Pellkartoffeln 26
Schokoladen-Rotwein-Kuchen 74
Streuselkuchen 72

Tafelspitz mit Kartoffelpüree 42

Waldecker Krauthäubchen 50

Zimtkuchen 75

© 2018 design cat GmbH

Genehmigte Lizenzausgabe
EDITION XXL GmbH
Industriestraße 19
64407 Fränkisch-Crumbach 2018
www.edition-xxl.de

Idee und Projektleitung: Sonja Sammüller
Layout, Satz und Umschlaggestaltung:
design cat GmbH

ISBN 978-3-89736-147-8

Bildnachweis
Wir danken folgenden Firmen für ihre freundliche Unterstützung:
Unilever Deutschland GmbH, Hamburg
– Knorr 40–41

Shutterstock: Africa Studio 37, 62; alicja neumiler 56; Andrey_Kuzmin 9, 10, 13, 14, 16, 19, 20, 21, 23, 24, 26, 29, 31, 32, 34, 37, 38, 41, 42, 44, 47, 48, 50, 53, 54, 56, 57, 58, 60, 63, 64, 67, 68, 71, 72, 74, 77, 78; A. Zhuravleva 18; Brent Hofacker 15, 32; Christian Jung 20; Chudovska 10, 11; COLOA Studio 19; Creative Family 26; diamant24 40; Dionisvera 53, 58, 78; Dmitrij Skorobogatov 23; Durch 57; EM Arts 21; Emily Li 50; exopixel 34; Fotokombuese 4; Georgina198 6; HandmadePictures 5; Hong Vo 16, 77; Hortimages 38; Igor Sirbu 79; Ira Shpiller 42; Jeff Bird 2–79; Jiri Hera 64; Kiian Oksana 36; Kovaleva_Ka 60; Magnago 25; MaraZe 13, 74; matkub2499 10, 48, 54; MichaelJayBerlin Cover front, 60; Milenberry 57; MShev 61, 75; M. Unal Ozmen 63; natalia bulatova 6; Nata-Lia 72; ninikas 51; nito 44; nortongo 56; Oleksiy Rezin 74; Only Fabrizio 31; O_Schmidt 7; Pefkos 60; phive 71; photographerstudio 62; photolinc 47; photo-oasis 27; picturepartners 5; Rimma Bondarenko 29; Roman Samokhin 41; sarsmis 19; Simone Voigt 25; SrsPvl 2–79; stockphoto-graf 3, 67; Sun-Time 14; Tanja Esser 37; Tatiana Vorona 78; Tobik 68; Viktar Malyshchyts 24; Volosina 9; Yulia Buchatskaya 2–79; YurkaImmortal 2–79

Alle weiteren Fotos: design cat GmbH